Alexandra Cordes-Guth

Gute Gedanken für den Tag – Band 1

Innehalten

Tagestexte von Januar - März

2. Auflage 2025

© 2021 Alexandra Cordes-Guth
https;//alexandracordes-guth.de
mail@alexandracordes-guth.de

Verlag: BoD · Books on Demand GmbH, Überseering 33,
22297 Hamburg, bod@bod.de
Druck: Libri Plureos GmbH, Friedensallee 273, 22763 Hamburg
ISBN: 978-3-7557-1086-8

Covergestaltung: Wolkenart – Marie-Katharina Becker
www.wolkenart.com
Autorenfoto: Lisa Berger

Dieses Buch ist auch als E-Book erhältlich.

Die Gedanken, mit denen wir morgens in den Tag gehen bestimmen darüber, welche Energie uns durch unser Leben begleitet. Das beweisen inzwischen sogar auch die Forschungs-
ergebnisse der Neurobiologie. Deshalb ist es wichtig, mit guten Gedanken in den Tag zu gehen, sie schon morgens ganz
bewusst einzuladen und sich auf sie auszurichten.

Mit diesen Tagestexten kannst du deinen Gedanken jeden
Morgen eine gute Richtung geben, dich selbst an die Hand
nehmen und freundlich und wertschätzend begleiten. Die
Textimpulse sind wie kleine Coachingeinheiten, die zum
Nachdenken und Reflektieren einladen. Und sie unterstützen
dich dabei, neue Wege und Perspektiven auszuprobieren, die
frischen Wind in dein Leben bringen.

Lade jeden Morgen gute Gedanken zu dir ein und du wirst
schon bald erleben, wie sich die positive Energie ihren Weg in
dein Leben bahnt.

Alexandra Cordes-Guth ist Coach, Therapeutin und Autorin.
Sie unterstützt Menschen, die sich mit ihren eigenen Selbst-
zweifeln im Weg stehen dabei, ihre Stärken und Potenziale zu
entdecken und ein gesundes und starkes Selbstbewusstsein
zu entwickeln, damit sie ihre Herzensziele in die Welt bringen
können. Und: Sie begleitet Menschen auf dem Weg zu einer
wunderbaren Freundschaft mit sich selbst.

www.alexandracordes-guth.de

*Für meine Eltern –
die mir das Geschenk
des Lebens gemacht haben.*

Januar

<u>1. Januar</u>

Das Leben ist immer wieder ein Neuanfang.
Jeden Tag, jedes Jahr. Wir lassen vieles hinter uns. Alte Bilder von uns selbst, einen Beruf, der nicht mehr passt, Begrenzungen, Menschen, mit denen wir ein Stück Weg gegangen sind.

Jeder Neuanfang bringt eine gewisse
Freude und Leichtigkeit mit sich.
Sich selbst noch mal neu erfinden.
Die Flügel ausbreiten und seine innere Kraft spüren. Das Alte abschließen dürfen und erleben, dass das Leben immer wandelbar ist.

Schenk dir selbst den Blick der Wandlung auf das neue Jahr, das vor dir liegt. Lasse voll Vertrauen los, was hinter dir liegt. Breite deine Flügel aus und geh in das neue Jahr mit der Kraft, die sich in dir entfalten möchte.

2. Januar

Wenn wir alle Bewertungen loslassen, entsteht ein neuer Raum für Wachstum und Begegnung.

Lass heute immer wieder deine Bewertungen los: Über dich, über andere Menschen, über das Leben. Und nimm wahr, welchen Unterschied es macht.

3. Januar

Viele Menschen, die zu mir kommen, wünschen sich einfach nur, dass ich ihnen zuhöre - wirklich zuhöre. Mein Herz für sie öffne, alle Bewertungen loslasse und mich mit ihnen mit Verständnis und Mitgefühl auf den Weg zu ihrer Lösung mache - die nur darauf wartet, entdeckt zu werden.

Wie geht es dir, wenn du spürst, dass dir jemand wirklich zuhört und nicht nur darauf wartet, seine Antwort geben zu können, seine Gedanken äußern zu können?

Und wie wäre es, wenn du heute den Menschen um dich herum einfach nur zuhörst? Vielleicht mit Interesse nachfragst - und ihnen so das Geschenk deiner Gegenwart machst.

<u>4. Januar</u>

Das Schlimmste, was wir uns selbst ständig
antun, sind unsere eigenen inneren Bewertungen und Verurteilungen. Vor allem, wenn
wir meinen, einen Fehler gemacht zu haben.

Die größte Veränderung geschieht, wenn wir
in solchen Situationen unsere Verletzlichkeit
spüren, unseren Schmerz - und uns selbst
Mitgefühl und Liebe schenken.

Wie gehst du mit dir um, wenn du einen Fehler machst? Was hilft dir dann gut mit dir
umzugehen?

5. Januar

In der Dunkelheit sein heißt auch
dem Licht entgegen gehen.

Kennst du auch Tage und Momente, in denen es in dir dunkel ist?

Mir hilft die Erfahrung und Erkenntnis, dass
ich in diesen Momenten einfach geschehen
lassen darf, was ist. Loslasse. Mich selbst
sein lasse, wie ich gerade bin.

Mit der Gewissheit, dass die Dunkelheit nur
ein Teil des Lichts ist, dem ich gerade wieder ein Stück entgegen gehe.

6. Januar

Vergib anderen. Nicht weil sie Vergebung verdient haben, sondern weil du es verdienst.

Vergeben hat für mich etwas mit „zurückgeben" zu tun. Den Schmerz, das Schwere, das Verletzte an den zurückzugeben, der es ausgelöst hat.

Und sich selbst damit zu entlasten. Zur Ruhe zu kommen. Und wieder ganz bei sich sein.

7. Januar

Es ist leicht, sich selbst glücklich zu machen
- wenn man seiner Intuition folgt. Unsere
Herzintelligenz weiß immer, was gut für uns
ist, was uns glücklich macht. Frag sie doch
heute mal, was sie dir Gutes tun möchte.

Atme in dein Herz, lass alle Gedanken los -
und lass dich überraschen.

8. Januar

Dankbarkeit ist eine sanfte, aber unglaublich kraftvolle Energie. Sie kann dein Leben in Fülle verwandeln, wenn du dich immer wieder mit ihr verbindest.

Dann wirkt sie wie ein Dünger, der all die wunderbaren Samen, die schon in dir angelegt sind, zum Wachsen und Erblühen bringt.

Wofür bist du heute dankbar? Und wo darf die Dankbarkeit zum Dünger in deinem Leben werden und der Fülle mehr Raum geben?

9. Januar

Wie oft atmest du bewusst durch, lässt An-
spannung los und schenkst dir einen Moment Entspannung?

Im Coaching und in der Therapie ist diese
kleine Übung für viele Menschen, die ich be-
gleite, ein Meilenstein. Sie erleben erstmals
wie es ist, sich mit sich selbst zu verbinden,
ganz bei sich anzukommen. Sie bekommen
Kontakt zu lange verdrängten Gefühlen.
Manchen, die schon lange nicht mehr wei-
nen konnten, laufen einfach die Tränen
übers Gesicht.

Atem ist der Träger der Gefühle. Und die
Brücke zu unserer Intuition. Immer wieder
bewusst und tief zu atmen, ist der erste und
wichtigste Schritt für dein Selbstbewusst-
Sein. Was empfindest du, wenn du für einen
Moment die geschäftige Welt anhältst und
dich selbst atmest?

10. Januar

Wie trittst du heute dem Leben entgegen?
Wo lässt du zu, dass es dich umarmt und
dich liebevoll empfängt?

Wenn du mit einer offenen, liebevollen Hal-
tung durch den Tag gehst, wirst du erleben,
wie es dir Geborgenheit schenkt, die Stück
für Stück aus dir selbst herauswächst.

11. Januar

Wir dürfen unsere eigenen Schatten umarmen. Die Teile in uns, die wir ablehnen, für die wir uns schämen, die wir unperfekt finden.

So lange wir sie ablehnen, lehnen wir auch uns selbst immer wieder ab. Führen einen nicht endend wollenden Kampf gegen uns.

Wir alle tragen diese Schatten in uns. Und wollen es oft nicht wahrhaben. Begraben sie unter unserer Scham und bleiben damit immer ein Stück einsam.

Wenn ich dem Schatten in mir liebevoll begegne, kann ich auch anderen Menschen so begegnen. Muss mich nicht mehr an ihren Schatten stören, die mir nur etwas spiegeln.

Ich darf wahre Verbundenheit mit anderen Menschen erleben, mich verletzlich und unperfekt zeigen. Und erleben, dass ich geliebt und angenommen werde, so wie ich bin.

12. Januar

Wenn wir eine Vision haben, ist die größte Herausforderung das Dranbleiben.

Weil es immer wieder Hürden gibt, Krisen und Ent-Täuschungen. Und dann geht es wie mit einem Windstoß aus dem Nichts weiter.

An was möchtest du dranbleiben - und auf deinen Weg vertrauen? Welcher Traum, welche Vision klopft immer wieder leise in dir an und möchte gehört werden und weiter in dein Leben wachsen?

13. Januar

Alle Gefühle dürfen sein. Es geht nicht darum, uns so zu verändern, dass wir nur noch „positive" Gefühle haben. Sondern, dass wir uns zuerst einmal erlauben so zu sein, wie wir gerade sind. Wunderbar unperfekt, einfach menschlich.

Manchmal haben schwierige und schmerzliche Gefühle eine Botschaft für uns, manchmal sind sie eben einfach da. Und wir dürfen sie da sein lassen - und sie ziehen irgendwann weiter.

Welches schwierige Gefühl könntest du heute einfach mal da sein lassen? In dem Vertrauen, dass es gehen kann, wenn du ihm freundlich und offen entgegentrittst?

<u>14. Januar</u>

Was kannst du heute tun, um dich selbst
besser kennenzulernen und dir selbst bewusst mit Liebe und Mitgefühl zu begegnen?

Schreibe heute Abend auf, was dir dabei ge-
holfen hat.

15. Januar

Erlaube dir heute, einfach Mensch zu sein.
Und zu wachsen, zu lieben und zu lernen. So
wie wir es als Kinder getan haben.

Das ist unser Geburtsrecht und das, was uns
zur besten Version unserer Selbst werden
lässt. Und uns Gelassenheit und Liebe für
uns selbst schenkt.

Wo kannst du heute weniger perfekt sein
und dir selbst mehr erlauben, zu lieben und
zu lernen? In welchen Bereichen deines Lebens möchtest du diese Einladung in der
nächsten Zeit besonders oft an dich selbst
aussprechen?

16. Januar

Im Heute leben - und dankbar sein für jeden Moment, alle Begegnungen, Gefühle, die kommen und gehen.

Und vor allem: Für dein eigenes Sein. Denn du bist einzigartig und wunderbar.

17. Januar

Manchmal ist es schön und berührend, das Kind von damals anzuschauen. Manchmal schmerzlich und traurig.

Aber sobald ich es anschaue, darf es da sein. Es bekommt einen Platz in meinem Herzen und ich bin mit ihm verbunden. Und dann geschieht Heilung und Wachstum.

Wenn wir es aus unserem Leben und unserem Herzen ausschließen, verschließen wir uns selbst vor unseren Gefühlen und unserer inneren Kraft und Liebe.

Bist du heute bereit, dein inneres Kind in dein Herz zu schließen? Dann schau dir ein Foto von dir als Kind an. Und lächle ihm freundlich zu.

<u>18. Januar</u>

Unsere Gedanken sind der Weg zu einem starken und gesunden Selbstbewusstsein.

Schon ein neuer positiver Gedanke bewirkt eine neue Richtung in deinem Leben. Eine kleine Kurskorrektur mit großer Wirkung.

Welchen möchtest du heute einladen, damit er deinem Leben eine Kurskorrektur schenkt?

<u>19. Januar</u>

Möchtest du ein erfülltes Leben führen?
Und weißt du, was du dafür brauchst?

Mein Leben wird von Tag zu Tag erfüllter, seit ich meinen Blick immer mehr auf das richte, wofür ich dankbar bin, was schon an Fülle da ist. In mir selbst und in meinem Leben.

Und zu dieser Fülle gehört für mich dazu, dass ich auch meine Dunkelheit und meine Schatten in mein Herz schließe. Selbstbewusst mit ihnen mein Leben lebe und sie als Teil meiner Einzigartigkeit sehe.

Was hilft dir, die Fülle in deinem Leben zu erkennen und sie wachsen zu lassen?

20. Januar

Seine wahre Größe zeigen, heißt, in liebevollem Bewusstsein seiner Schwächen die eigenen Stärken wachsen zu lassen.

Welche Stärken möchtest du wachsen lassen? Welche Schwäche kannst du dafür liebevoll in dein Herz schließen?

21. Januar

Wenn wir hinter die Dinge schauen, erkennen wir, dass jeder Mensch seine eigene Geschichte hat. Und können unser Herz für ihn öffnen. Dann entsteht Begegnung und Verständnis.

Welcher Mensch bereitet dir gerade Mühe, fordert dich heraus? Was könnte die Geschichte hinter seinem Verhalten sein, die dir hilft, dein Herz für ihn zu öffnen? Damit die Energie in dir wieder fließen kann!

<u>22. Januar</u>

Unsere Wünsche und Träume sagen viel
über uns aus. Sie sind wie leise Stimmen,
die uns immer wieder an unsere Werte und
Sehnsüchte erinnern. Und an Potenziale, die
noch gelebt werden wollen.

Welchen Traum möchtest du gerne verwirk-
lichen? Welche Botschaft steckt für dich da-
rin? Welche Potenziale könntest du durch
die Verwirklichung noch aus dir herausle-
ben?

23. Januar

Wofür möchtest du nicht mehr gelobt und bewundert werden?

Bist du dir bewusst, was du nicht mehr willst? Auch das ist für ein gutes und gesundes Selbstbewusst-Sein wichtig.

Hast du den Mut, darüber nachzudenken, in welchen Punkten du Anderen das Leben nicht mehr leichter machen möchtest? Und erlaubst du dir, mehr an dich zu denken?

24. Januar

Mein Wirken ist wunderbar!

Was könnte alles geschehen, wenn du dir heute erlaubst, diesen Gedanken in dein Leben einzuladen?

Dich selbst größer zu denken. Das was in dir ist, auszudehnen wie eine Hülle, die dir mehr Luft zum Atmen und Sein gibt.

Mit diesem Gedanken richtest du deinen Fokus auf das Wunder in dir.

Erlaube dir selbst, ein Wunder in dieser Welt zu ein. Staune über dich und freue dich an dir. Wie ein Kind, das den Himmel über sich ganz neu entdeckt.

<u>25. Januar</u>

Welcher selbst-bewusste Gedanke soll dich heute begleiten?

Mein Gedanke für diesen Tag: Ich lasse die Verantwortung beim Anderen und übernehme sie nicht für ihn.

Mach doch heute mal ein Gedanken-Experiment und lade einen neuen Gedanken in dein Bewusstsein ein. Auch wenn es sich ungewohnt anfühlt.

Sprich ihn einmal laut aus und bitte ihn, dich durch den Tag zu begleiten. Und nimm den Unterschied wahr.

<u>26. Januar</u>

Glaube nicht alles, was du denkst!

Dieser Satz bringt es auf den Punkt:
Wir müssen nicht alles glauben, was wir denken. Weil wir viel mehr sind als unsere Gedanken. Wir können uns jederzeit von unseren Gedanken distanzieren, sie freundlich betrachten und gehen lassen.

Und dann passiert etwas Wundervolles - wir entdecken eine tiefe Liebe und Freundlichkeit in uns. Die so viel größer ist als unsere Gedanken.

<u>27. Januar</u>

Wie oft verhärtest du dein Herz gegen dich selbst? Gehst streng und bewertend mit dir um?

Erlaube dir heute, dein Herz von deinem eigenen Leid berühren zu lassen, damit der Schmerz schmilzt. Und die Liebe ins Fließen kommt.

28. Januar

Wie freundlich und liebevoll begegnest du
dir morgens beim Aufwachen? Wie würdest
du einen guten Freund morgens begrüßen,
wenn er aufwacht?

Wir sind es nicht gewohnt, uns morgens
selbst mit einem freundlichen Gedanken zu
begegnen. Aber er prägt die Energie, mit der
wir in den Tag gehen.

Welcher erste freundliche Gedanke könnte
dir helfen, morgens mit einem guten Gefühl
in den Tag zu starten?

29. Januar

Wann hast du das letzte Mal Zeit nur mit dir selbst und deinen Gedanken und Wünschen verbracht? Sie in dir auftauchen lassen und dein Herz für dich geöffnet?

Zeiten des Alleinseins sind für ein gesundes Selbstbewusstsein wichtig. Wir begegnen uns in ihnen selbst, halten inne und können unter dem Lärm der Gedanken unsere Essenz erkennen. Und eine wunderbare Freundschaft mit uns selbst beginnen.

Wenn du kannst, dann plane Zeit nur für dich in deinem Leben ein. Eine Verabredung mit dir selbst. Und frage dich, was du gerade brauchst, was du dir wünschst, was dich beschäftigt.

30. Januar

In allen Enttäuschungen und Verletzungen
liegt die Möglichkeit verborgen, zu wachsen,
über sich selbst hinaus. Zu dem hin, was wir
wirklich sind.

An welchen Enttäuschungen und Verletzungen konntest du wachsen?

Welche Brüche wurden zu einem Neuanfang
in etwas Besseres? Zu Aufbrüchen in deinem Leben?

31. Januar

Pausen und innehalten sind der wichtigste und beste Dünger für ein gesundes und starkes Selbstbewusstsein.

Oft stehen wir den ganzen Tag neben uns, spüren uns nicht, sind nicht wirklich in Kontakt mit uns.

Nimm dich selbst an die Hand, sei für dich da und halte für 10 Minuten die Welt an.

Sitze einfach still da oder höre entspannende Musik. Und mach eine Pause, die dich wieder näher zu dir bringt.

Februar

01. Februar

In sich eintauchen und lauschen. Aus dem Lärm der Gedanken einen Schritt heraustreten.

Und einen Raum der Stille betreten, der unendlich ist.

02. Februar

Schön, dass es dich gibt! Egal, was du gerade tust, wie du dich gerade fühlst und wo du gerade bist.

Halte eine Minute inne und atme diesen Satz ein, lass ihn durch dein Herz in deinen Körper fließen, wie glitzerndes, schimmerndes, funkelndes, leuchtendes Licht. Schön, dass es dich gibt!

<u>03. Februar</u>

Wann hast du das letzte Mal an das Kind in
dir gedacht?

Und ihm deine Hand gereicht, damit ihr gemeinsam mit staunenden Augen die Wunder
hinter der scheinbaren Wirklichkeit entdeckt.
Und euch gemeinsam verzaubern lasst.

<u>04. Februar</u>

Der größte Schmerz ist die Angst nicht geliebt zu sein.

In dieser tiefsten Dunkelheit leuchtet unser inneres Licht und entzündet in uns die größte Kraft: uns selbst zu lieben.

05. Februar

Unsere Entwicklung besteht aus vielen magischen Momenten der Verwandlung.

Wir können sie mit unserer Intuition, unserer Konzentration und unserer Disziplin vorbereiten.

Aber die Momente, in denen sich all das zusammenfügt, sind getragen von einer größeren Kraft, die sich einfach schenkt und Verwandlung auf einmal federleicht möglich macht.

06. Februar

Es geht nicht um die Frage, ob es Herausforderungen und Prüfungen in unserem Leben geben wird.

Es geht darum, wann sie kommen und ob ich mit diesem Wissen lebe. Und mich ihnen öffne, um daran zu wachsen.

07. Februar

Das Leben immer wieder loslassen, damit
ich mich lösen kann.

Von alten Überzeugungen, Ängsten und
auch von dem, was mir lieb ist.

Denn gerade das will mich halten, wie eine
schützende Hülle.

Aber immer wieder wird es Zeit für einen
Aufbruch, damit ich nicht erstarre.

In der Bewegung des Lebens neue Schritte
gehen, damit der Weg sich Stück für Stück
vor mir entfalten kann.

<u>08. Februar</u>

Es geht nicht darum, dass alles perfekt wird.
Sondern dass wir das Unperfekte lieben lernen und es als Teil des Lebens sehen.

Als den Teil, der das Herz des Seins be-
rührt.

<u>09. Februar</u>

Einfach da sein. Ohne etwas sein
zu müssen.

Ganz bei sich ankommen und
das Verlorene ins Herz schließen.

Um sich selbst zu finden und für einen
Moment ganz zu sein.

10. Februar

Die Schmerzen und das Leid der anderen treffen und berühren mich. An meinen wunden Punkten und in meinem Herzen.

Ich will mitfühlen - aber nicht mitleiden. Einen Raum zwischen mir und dem anderen lassen, in dem das Leben gedeihen kann.

11. Februar

Es ist meist leichter, mich mit den Augen eines gnadenlosen Kritikers zu betrachten.

Und umso schwieriger, mit einem liebevollen Blick auf den wunderbaren Menschen zu schauen, der in den Tiefen meiner Zweifel in mir wohnt.

Heute erlaube ich mir, den liebevollen Blick zu üben und mich aus mir selbst herauszulieben.

<u>12. Februar</u>

Der Körper ist der Übersetzer der Seele.
Nimm dir heute einen Moment Zeit und
höre, was er dir sagen möchte.

Vielleicht braucht er einfach nur deine
freundliche Aufmerksamkeit, einen Moment
Ruhe, einen Spaziergang, etwas Gutes zu
Essen, eine Umarmung ...

Viel zu oft vergessen wir unseren Körper,
lassen ihn einfach funktionieren.

Zeig ihm heute deine achtsame Aufmerksamkeit. Und lass dich überraschen, wie gut
das tut.

<u>13. Februar</u>

Wie oft würde ich die Angst in mir gerne ver-
bannen. Dorthin, wo sie nie mehr wieder-
kommt.

Ich weiß, dass sie vorübergeht. Aber diesen
Moment mit ihr auszuhalten, in dem sie di-
rekt vor mir steht und immer größer wird.
Das scheint fast unmöglich zu sein.

Ich atme mich durch sie hindurch. Zum Licht
in mir.

14. Februar

Heute darf ich innehalten, gelassen sein und mir selbst vertrauen.

Erlaube dir doch heute mal, öfter innezuhalten, damit deiner Gelassenheit Raum zu geben und dir selbst zu vertrauen.

Nimm wahr, welchen Unterschied das in deinem Alltag macht.

Und schenke dir so liebevolles Selbstbewusstsein.

15. Februar

Ich darf heute alles Gute annehmen, was das
Leben mir schenken will.

Man darf auch mit dem Guten rechnen.
Das ist manchmal gar nicht so leicht. Vor allem, wenn wir uns aus Selbstschutz lieber
darauf einstellen, dass es schwierig wird
oder schlecht.

Erlaube dir heute, mit dem Guten zu rechnen. Öffne dein Herz der Hoffnung in dir und
der Zuversicht. Und nimm wahr, was sich
dadurch in dir bewegt.

16. Februar

Zu Sein heißt, den Mut zu haben, sich nicht durch das Tun und das Haben einen Wert zu geben.

Aus dem Sein heraus kommen Antworten des Herzens, kommt die Energie für den nächsten Schritt.

Zu Sein führt uns immer näher zu uns selbst. Weil wir im Sein die Angst vor dem Nichts und der Leere in uns loslassen dürfen. Und dahinter die Fülle und Einzigartigkeit sichtbar werden.

17. Februar

Ein gesundes und starkes Selbstbewusstsein
beginnt für mich gleich morgens, wenn ich
aufwache. Weil sich dann unsere Gedanken
schon den Weg in unser Bewusstsein bah-
nen und damit die Energie bestimmen, mit
der wir in den Tag gehen.

Mir hilft es, wenn ich mir einen positiven und
unterstützenden Gedanken auswähle, den
ich beim Ein- und Ausatmen drei- bis viermal
bewusst denke und so meine Energie auf lie-
bevolle und freundliche Unterstützung für
mich selbst ausrichte.

Probiere doch mal den Satz: Ich darf liebevoll und freundlich auf mich selbst schauen.

18. Februar

Gedanken fliegen lassen, die sich auf Ästen niederlassen. Durchatmen und eintauchen in goldfarbene Ruhe.

Lass deine Gedanken heute mal fliegen, gib ihnen Raum und Weite. Schenk ihnen die Freiheit, die sie brauchen, um dein Sein auszudehnen. Damit es in dir ruhiger und weiter wird.

19. Februar

Kennst du das Gefühl, dass es immer noch nicht genug ist? Mir geht es oft so und ich strenge mich an, versuche es noch besser zu machen. Und das macht ganz schön müde.

Es bringt einen weg aus seiner Mitte, weg von seiner Intuition, die sagt: Du bist gut genug so wie du bist.

Wie wäre es, wenn du heute diesen Satz mit in den Tag nimmst:

Du bist gut genug!

Und lässt viele Dinge gut sein, so wie sie sind. Und bist einfach gut zu dir selbst.

Ein fast vergessenes Wort, das unser Leben leichter machen kann: Genug!

20. Februar

Der Tod hält uns wach,

er lässt uns nicht

in den Schlaf

der Gleichgültigkeit versinken.

Er zeigt uns, welche Tiefe

und Leidenschaft

das Leben in sich trägt.

21. Februar

Traust du dich zu lieben - und geliebt zu werden?

Es ist unsere tiefste Sehnsucht - und unsere größte Angst.

Wer der Liebe Raum gibt, zeigt sich mit all seiner Verletzlichkeit, seinen Sehnsüchten und seinen Licht- und Schattenseiten.

Nichts schenkt uns so viel Selbst-bewusstsein wie die Liebe. Sie lässt uns wachsen - über uns selbst hinaus.

Traust du dich zu lieben?

<u>22. Februar</u>

Das Leben ist immer wieder Wachstum und Aufbruch. Mitten im Winter können wir den Frühling in uns schon spüren.

Aus der Dunkelheit und dem Verborgenen wächst das Neue ins Licht.

Alle Samen, die wir in Verbindung mit unserem Herz in unser Leben säen, keimen in uns. Sie warten auf den Frühling und werden genau zur richtigen Zeit in unserem Leben erblühen.

23. Februar

Unsere Gedanken bestimmen darüber, wie wir uns fühlen, wie wir handeln und wie wir mit uns selbst umgehen.

Je öfter wir negativ über uns denken, desto mehr werden wir zu unserem eigenen Feind. Ein Kampf, den wir nur verlieren können.

Erlaube dir heute, eine wunderbare Freundschaft mit dir selbst zu beginnen.

Schaue freundlich und liebevoll auf dich selbst und sei dir gewiss: Du bist ein einzigartiges und liebenswertes Wunder in dieser Welt!

24. Februar

Je weniger ich nachdenke und je mehr ich einfach bin, desto weiter wird mein Blick für die Größe des Lebens und die Enge meiner Gedanken.

25. Februar

Es gibt die körperlichen und die seelischen Schmerzen.

Bei körperlichen Schmerzen kann man mit Pflastern, Salben, Verbänden und Medikamenten für Heilung sorgen.

Seelische Schmerzen sind unsichtbar und brauchen eine besondere Form der Heilung: Tiefes Mitgefühl und das offene Herz eines anderen.

<u>26. Februar</u>

Die innere Mitte lässt sich nur in einer immerwährenden Pendelbewegung ausloten.

Sie bewegt sich zwischen hell und dunkel, Ungeduld und Mitgefühl, Hoffnung und Verzweiflung.

Und wenn ich selbst mit Liebe auf beides schaue, stellt sich Ruhe ein - und die Mitte wird sichtbar.

27. Februar

Abschied heißt: Sich ablösen, etwas von mir
zurücklassen, sich trennen.

Wenn da viel Gutes und echte Fülle und Begegnung war, gibt es neben großer Freude
und Dankbarkeit auch den leisen Schmerz,
den der Abschied mit sich bringt.

Wieder allein seinen Weg weiter gehen und
sich der Endlichkeit anvertrauen.

28. Februar

Loslassen ist oft wie eine Geburt. Obwohl wir wissen, dass etwas Neues kommen wird, ist es mühsam und mit einem intensiven und schmerzhaften Prozess verbunden.

Mich bringt das Loslassen in eine neue Tiefe in mir selbst. Und schenkt mir Transformation in mein größeres Ich.

Wo fällt es dir gerade schwer, loszulassen? Welche Transformation ist vielleicht damit verbunden und schenkt dir den Weg zu deinem größeren und stärkeren Ich?

<u>29. Februar</u>

Wie oft fragen wir uns, was andere wohl
über uns denken könnten. Dabei können wir
es sowieso nicht kontrollieren und beeinflus-
sen. Es sagt in der Regel mehr über sie
selbst aus als über uns.

Immer mehr auf seine Intuition hören, sich
an seinen eigenen Werten orientieren - und
dann frei sein. Das ist doch eine wunderbare
Vision.

Bei welchen Menschen ist es dir wichtig,
was sie von dir halten? Wobei bremst es
dich aus? Wobei hilft es dir?

März

01. März

Unsere Eltern sind eine besondere Liebe in unserem Leben. Die oft sehr schmerzlich ist. Unerfüllt, zutiefst sehnsüchtig und verbunden mit dem Kind in uns.

Den Schmerz in dieser unerfüllten Liebe zu transformieren und sich selbst ein guter Vater und eine gute Mutter sein – das ist Heilung.

02. März

Aus den Fluten der Veränderung auftauchen. Sich treiben lassen und mich dem
Strom des Lebens, der mich sanft weiter-
trägt, einfach anvertrauen.

03. März

Verbringst du mehr Zeit damit, liebevoll und freundlich mit dir selbst umzugehen? Oder bist du mehr damit beschäftigt, dich zu verbessern und zu verändern, weil du denkst, du bist noch nicht gut genug?

Ich habe viele Jahre mit dem Gedanken gelebt, dass ich nicht gut genug bin.

Dann durfte sich etwas in mir wandeln.

Immer öfter schaue ich jetzt wertschätzend und freundlich auf mich. Und sehe Veränderung nicht mehr als Verbesserung. Sondern nur als Möglichkeit, mir Ausdruck zu verleihen. Auf der Basis der Erkenntnis, dass jetzt alles schon gut ist, so wie es ist. Das schenkt mir viel Freiheit und Freude.

04. März

Die Natur zeigt es uns: Wenn wir unserem inneren Prozess vertrauen, können wir gar nicht anders, als aufzublühen, uns zu entfalten.

Die eigene Fülle in sich zu spüren heißt, unsere Einzigartigkeit erblühen und leuchten zu lassen. Um ganz in unsere Kraft zu kommen und anderen Freude zu schenken.

Denn jeder Mensch, der seine innere Fülle nach außen bringt, bringt auch Freude und Staunen in die Welt. Über das Wunder, das jeder in sich trägt.

05. März

Wir können uns jeden Moment unseres Lebens entscheiden, ob wir glücklich sein wollen. Indem wir im gegenwärtigen Moment sind, mit unseren Sinnen alles wahrnehmen, was gerade ist und unsere Gedanken loslassen.

Dann können wir das Glück in uns und um uns herum spüren.

Und wir können uns immer wieder liebevoll um uns selbst kümmern. Uns Gutes tun.

Was wirst du dir heute Gutes tun, womit wirst du dir erlauben, glücklich zu sein?

06. März

Je länger wir etwas betrachten, desto mehr
Details sehen wir. Wenn du eine Rose an-
schaust, wirst du nach und nach sehen, was
für zarte Blätter sie hat, wie unterschiedlich
geformt sie sind, den Verlauf der Farbe ...

Wenn wir unsere Aufmerksamkeit und Energie intensiv auf eine Sache richten, erkennen wir immer mehr Details, verbinden uns
immer mehr in der Tiefe damit.

Auf was willst du heute deine Aufmerksamkeit richten, um mehr in die Tiefe des Seins
zu gehen und mehr von dir und dem Wunder des Lebens erkennen zu können?

07. März

Immer wieder haben wir Angst, dass wir die Herausforderungen in unserem Leben nicht bewältigen können.

Und vergessen dabei, dass wir eine magische Kraft in uns haben, die uns durch alles hindurch trägt. Die uns immer wieder zum Fliegen bringt.

Wie sehr vertraust du deinen eigenen Flügeln und der magischen Kraft in dir? Wohin möchtest du gerne fliegen?

08. März

Wenn wir das tun, was wir lieben, gerät etwas Größeres in Bewegung.

Wir werden angeschlossen an den mächti-
gen Strom der Liebe, die uns dem entge-
genwachsen lässt, was unser wahrhaftiges
Geschenk an die Welt ist.

<u>09. März</u>

Geben und Nehmen gehören zum Fluss des
Lebens und wollen durch uns hindurchflie-
ßen. Wie Wellen, die kommen und gehen.

Und sie wollen im Gleichgewicht sein.

Wir dürfen Gutes geben und wir dürfen Gutes empfangen. Beides braucht seinen Platz
in unserem Leben.

Welchen Menschen hast du in diesem Jahr
schon Gutes getan? Und wer durfte dir Gutes tun?

<u>10. März</u>

Lade heute ganz selbstbewusst das Uner-
wartete in dein Leben ein.

Mach etwas, was du noch nie getan hast
oder geh mal einen anderen Weg nach
Hause als sonst. Kauf in einem anderen La-
den ein, geh in ein anderes Café, lies eine
unbekannte Zeitung.

Was könntest du heute tun, um das Uner-
wartete in dein Leben einzuladen?

11. März

Oft ist mein Start in den Tag voller Dankbarkeit. Für so viele Dinge in meinem Leben.
Dann ist in mir der Wunsch, dass dieses
Hoch mich durch den Tag trägt. Dass ich mit
allem gelassen und vertrauensvoll umgehen
kann.

Aber ich weiß: Es wird auch immer wieder
das Gefühl der Niederlage, der Unvollkommenheit, des Zweifels, der Traurigkeit geben.

Was mir hilft: Diese Gefühle da sein zu lassen. Abschied zu nehmen vom Bild des per-
fekten Lebens.

Mich verbunden zu fühlen in meinen Trau-
rigkeiten und Zweifeln mit den Menschen
um mich herum. Die genau wie ich ihre Hö-
hen und Tiefen durchleben. Mit allen Fasern
ihres Seins. Jeden Tag. Und deshalb leben-
dig und liebenswert sind.

12. März

Mich berühren lassen. Von dem was leise in
mir anklopft. Nicht wie so oft darüber hin-
weggehen.

Der Sehnsucht nach Ganzheit in mir Raum
geben. Mitfühlend den Schmerz über die
Unvollkommenheit in mir ins Herz schließen.

Und spüren wie sich etwas löst. Mich selbst
sehen und anerkennen. So wie ich bin.

Weg von: So sollte ich sein. Mich selbst erlö-
sen von alten Bildern und Vorstellungen, die
mich begrenzen. Und für diesen Moment
grenzenlos sein.

13. März

Rituale geben unserem Leben Halt und
Kraft. Sie helfen uns, an Dingen dranzublei-
ben und stärken uns.

Was sind deine drei wichtigsten Rituale, um
in deiner Kraft zu bleiben?

Welches Ritual möchtest du dir gerne in den
nächsten drei Wochen täglich als Geschenk
machen?

14. März

Wo hältst du deine wahre Größe zurück, um anderen zu gefallen und keinen Widerstand zu erzeugen?

Es ist für viele Menschen ein ungewohnter Gedanke, dass es darum geht, ihr Licht leuchten zu lassen. Weil es Menschen geben wird, die dankbar für dieses Licht sind. Und andere, die mit dieser Helligkeit nichts anfangen können.

Wenn man sein Licht leuchten lässt, wird man sichtbarer mit allem, was da ist. Und macht die Welt ein bisschen heller.

15. März

Sich selbst zu loben und auf das stolz zu sein, was man gut gemacht hat - klingt so einfach.

Und fast jeder weiß inzwischen, dass es für ein gesundes Selbstbewusstsein wichtig ist, es zu tun.

Vielleicht steht da noch die Angst im Weg, dass Eigenlob stinkt und man überheblich wirkt, eingebildet.

Aber je mehr Menschen den Mut haben, ihre Stärken in die Welt zu bringen und sie sichtbar werden zu lassen, desto mehr wird möglich.

Wie oft nimmst du dir Zeit dich selbst zu loben? Tu es heute!

16. März

Oft haben wir Angst vor diesen seltsamen
Geräuschen in uns und dem Knacksen und
Rascheln, das sich in der inneren Dunkelheit
bemerkbar macht, wie in einem dunklen
Wald in der Abenddämmerung.

Aber wenn wir uns darauf einlassen, können
wir das, was dahinter liegt, erkennen. Nur
ein kleiner Vogel, der von Ast zu Ast hüpft
und sein Nest sucht. Oder ein Eichhörnchen,
das seine Nüsse an einen sicheren Ort
bringt. Vielleicht einfach nur ein Baum, der
Blätter fallen lässt.

In uns sortiert sich nur etwas, löst sich oder
ein neugieriger Anteil klopft an und schaut
sich unsere Welt da draußen an.

Wenn wir unser inneres Kind mit seinen Fragen und Ängsten liebevoll an die Hand nehmen, verliert das seltsam Ungewohnte seinen Schrecken.

17. März

Welche Energie schenkst du dir selbst für
heute?

Je mehr wir uns unserer selbst bewusst werden, desto mehr können wir auch entscheiden, wer wir sein wollen.

Wir erkennen, wie viel Kraft und Potenzial
wir in uns haben - und dass wir nicht von anderen Menschen abhängig sind. Was für ein
unglaublicher Schritt in die eigene Freiheit.

Lenke deine Gedanken und damit auch
deine Energie bewusst in die Richtung, die
du dir für dein Leben wünschst. Und lass
dich überraschen, welche kleinen und gro-
ßen Wunder dadurch in deinem Leben geschehen können.

Wenn du magst, dann sage dir: Ich wähle
heute Zuversicht und Gelassenheit als Energie.

18. März

Sag dir heute selbst doch mal: Schön, dass
du da bist. Aus vollem Herzen.

Und einem Menschen, dem du es schon
lange nicht mehr gesagt hast.

Und schenke dir und ihm einen kleinen
Glücksmoment.

19. März

Dankbarkeit ist die Sprache des Herzens.

Sie verwandelt unsere inneren Wolken in Licht.

Und taucht uns ein in die Fülle des Lebens.

20. März

Das Leben ist von Beginn an ein Abschied.

Vertrautes aufgeben, sich Unbekanntem überlassen, wie ein Blatt im Wind.

Das Fallen zwischen dem Alten und Neuen wird zum Schritt von uns weg und wieder zu uns hin.

Wieder ein Stück näher zu dem, was wir wirklich sind.

21. März

Was tust du heute, um dich selbst glücklich zu machen?

Das Glück liegt immer in uns - und wartet darauf, dass wir ihm Raum geben. Mit Dankbarkeit, mit liebevoller Aufmerksamkeit, mit Achtsamkeit.

Es gibt so viele kleine Impulse in uns, die uns einen Glücksmoment schenken möchten. Heute ist Zeit, sie selbstbewusst wahrzunehmen. Und ihnen zu folgen - wenn du magst.

Welchen Glücksmoment schenkst du dir heute, welcher Impuls hat sich gemeldet?

22. März

Sich seiner selbst bewusst zu sein. Das heißt
in erster Linie, auf seine Stärken zu schauen
und liebevoll mit sich selbst umzugehen. Das
klingt so einfach - und ist doch für die meis-
ten Menschen so schwer.

Die kritische innere Stimme ist so viel lauter
und deutlicher als die freundliche und warm-
herzige.

Erlaube dir diese Woche, auf deine Stärken
zu schauen, auf das, was du gut machst.
Und sage dir selbst immer wieder: Ich bin
ein Geschenk für die Welt. Denn das bist du!

23. März

Erlaube dir heute, einfach Mensch zu sein
und zu wachsen, zu lieben und zu lernen.

So wie wir es als Kinder getan haben. Das ist
unser Geburtsrecht und das, was uns zur
besten Version unserer Selbst werden lässt.
Und uns Gelassenheit und Liebe für uns
selbst schenkt.

Wo kannst du heute weniger perfekt sein
und dir selbst mehr erlauben, zu lieben und
zu lernen? In welche Bereiche deines Lebens möchtest du diese Einladung in der
nächsten Zeit besonders oft an dich selbst
aussprechen?

24. März

Heute darf ich
inne halten
gelassen sein
und mir selbst
vertrauen.

Erlaube dir doch heute mal, öfter innezuhalten, damit deiner Gelassenheit Raum zu geben und dir selbst zu vertrauen.

Nimm wahr, welchen Unterschied das in deinem Alltag macht.

Und schenke dir so liebevolles Selbstbewusstsein.

25. März

Beherzt sein!

Die Welt braucht be-herzte Menschen,
die auf das hören, was Herz und Seele
ihnen immer wieder zuflüstern.

Nimm dir heute 10 Minuten Zeit
und frage dein Herz: Welche Angst möchte
ich überwinden?

Was wäre der erste Schritt, den ich gehen
müsste?

Wer oder was könnte mich dabei unterstützen?

Was wäre das Ergebnis?

<u>26. März</u>

In den Brüchen des Lebens nicht versinken,
aber die eigene Brüchigkeit spüren.

Die Scherben des zerbrochenen Glücks wieder einsammeln. Und etwas Neues daraus
entstehen lassen.

Und so der eigenen Heilung immer wieder
Raum geben.

27. März

Wenn wir
alle Bewertungen loslassen,
entsteht ein neuer Raum
für Wachstum und Begegnung.

Wo kannst du Bewertungen heute loslassen,
um Neues zu entdecken und dir Begegnungen zu schenken?

28. März

Heute darfst du: Dem Leben und den Menschen vertrauen. Dich geborgen und verbunden fühlen und eins werden mit deinem liebevollen und weisen Selbst.

29. März

Du bist ein Geschenk an die Welt.

Dieser Gedanke ist einer der stärksten und berührendsten, den ich kenne. Viele Klienten haben erst mal Tränen in den Augen, wenn sie ihn hören.

Wie geht es dir, wenn du dir selbst diesen Satz laut sagst? Was hilft dir, ihm in dir Raum zu geben? Was brauchst du dafür?

Einen schönen Tag für dich: Du Geschenk an die Welt!

30. März

Mein Sein und meine Arbeit ist wertvoll - einfach durch mein Da-Sein.

Weil ich anderen einen Raum der Wertschätzung und des Mitgefühls schenken darf und ihnen dort von Herz zu Herz begegne.

Dieser Raum hat sich auf meinem Weg der persönlichen Entwicklung in den letzten Jahren in mir entfaltet. In ihm kann ich durchatmen und mich dem Gedanken öffnen, dass ich liebenswert und einzigartig bin.

Mein Wunsch ist es, diesen Gedanken in immer mehr Menschen wachsen zu lassen:
Ich bin wertvoll. Durch mein Da-Sein.
Nicht durch mein Tun.

Was hilft dir, einfach da sein zu dürfen? Womit beschenkst du andere dadurch?

31. März

Sich anvertrauen dürfen, dem Leben, dem
Schicksal. Sich treiben lassen auf sanften
Wellen zu neuen Ufern. Das Alte verlassen,
die zu enge Haut abstreifen dürfen.

Im Vertrauen geschützt sein. Mitten in der
Schutzlosigkeit und der zarten Verletzlichkeit.

Die vollkommene Dunkelheit darf sich verwandeln zum Ort der Ruhe und des Schut-
zes, um dort das Licht zu spüren, das zum
richtigen Zeitpunkt kommen wird.

Sich verwurzeln in der Dunkelheit nach dem
eigenen inneren Plan. Wachstum still geschehen lassen.

In der vollkommenen Dunkelheit sich anvertrauen dem Unvollkommenen. Und das Licht
in uns willkommen heißen.

Ich wünsche dir, dass jeder Tag in diesem
Jahr dich näher zu dir selbst führt.

Und zu einer wunderbaren Freundschaft mit
dir selbst.

Meine Coaching Angebote, Bücher, Online-
Kurse und Seminare findest du auf:
www.alexandracordes-guth.de

Wenn du dir weitere Gute Gedanken für jeden Tag wünschst: Es gibt die Tagestexte auch für die anderen Monate des Jahres.

Band 1 – Januar bis März - Innehalten

Band 2 – April bis Juni - Aufblühen

Band 3 – Juli bis September – In Fülle leben

Band 4 – Oktober bis Dezember – Innere Kraft

Und es gibt zu vielen Tagestexten auch Videos auf meinem You Tube Kanal unter Alexandra Cordes-Guth – Gute Gedanken für den Tag.

Und wenn du mehr von mir lesen möchtest:

„Die Glückskindstrategie – wie du negative Gedanken in positive Energie verwandelst".

https://alexandracordes-guth.de/buch-die-glueckskindstrategie/